Remarques sur la guerre hispa-
no - américaine, par le commandᵗ D...
. — Paris, R. Chapelot, 1899. In 8º

Hors d'usage.

REMARQUES

SUR LA

GUERRE HISPANO-AMÉRICAINE

PAR

le Commandant D...

PARIS

LIBRAIRIE MILITAIRE R. CHAPELOT et Cᵉ

IMPRIMEURS-ÉDITEURS

SUCCESSEURS DE L. BAUDOIN

30, Rue et Passage Dauphine, 30

1899

REMARQUES

SUR LA

GUERRE HISPANO-AMÉRICAINE

PAR

le Commandant D...

PARIS

LIBRAIRIE MILITAIRE R. CHAPELOT ET Cᵉ

IMPRIMEURS-ÉDITEURS

SUCCESSEURS DE L. BAUDOIN

30, Rue et Passage Dauphine, 30

—

1899

REMARQUES

sur la

GUERRE HISPANO-AMÉRICAINE.

L'étude que nous apportons ici a été écrite au jour le jour. Il ne nous appartient pas de traiter le côté politique de cette guerre; nous ne dirons donc que peu de chose des motifs qui l'ont déterminée, en nous abstenant d'ailleurs de toute appréciation.

L'opinion française a oublié généreusement les griefs que notre intérêt nous aurait, peut-être, autorisés à retenir.

Tout en constatant que les grands hommes d'État, aujourd'hui comme autrefois, se sont gardés d'obéir aux sentimentalités, qui ne provoquent, le plus souvent, que l'ingratitude, et ont plutôt exploité une politique d'intérêts, égoïste mais fructueuse, nous ne nous demanderons pas combien il faudrait immobiliser de corps d'armée pour faire tête à une Espagne forte, victorieuse et attirée depuis plus longtemps qu'on ne croit dans l'orbite de la politique allemande, si les événements que l'Europe redoute depuis vingt-huit ans venaient subitement à la bouleverser.

Aussi, malgré ces réflexions, nous adressons par dessus les Pyrénées, à des camarades malheureux, l'expression de notre admiration sympathique pour l'héroïsme dont ils ont fait preuve et sur terre et sur mer dans de si terribles circonstances.

Les Espagnols, à la suite de Christophe Colomb, ont été de merveilleux découvreurs de terres nouvelles. Ils ont possédé des territoires immenses, presque toute l'Amérique; il ne leur reste que Cuba, la perle des Antilles, et Porto-Rico.

Toutes leurs autres colonies dans ce côté du monde ont échappé à leur domination, pour des raisons dont nous n'avons pas à rechercher ici le bien ou mal-fondé.

Depuis plus de cent ans, Cuba est, on peut le dire, en insurrection perpétuelle. C'est un appât toujours attirant pour les populations plutôt hétérogènes et aventureuses des États-Unis.

De nombreuses expéditions flibustières ont donc prêté leur appui aux insurgés cubains. D'où réclamations à la Maison-Blanche et ripostes du gouvernement américain se plaignant de ce foyer de trouble entretenu près de ses frontières.

L'échange de nombreux instruments diplomatiques ne pouvait aboutir, dans ces conditions, qu'à la position du dilemne suivant : « Ou vous êtes les maîtres à Cuba, alors finissez-en avec une insurrection que vous prétendez sans racines dans le pays; ou vous avez contre vous toute une population qui ne veut plus de votre joug, alors allez-vous-en ».

Tout en se demandant si, les rôles renversés, une nation européenne aurait agi autrement, il est permis de comprendre que la fierté castillane a dû repousser un pareil ultimatum.

Entre temps, un événement aussi terrible qu'inattendu, la destruction du croiseur américain le *Maine*, dans le port de La Havane, était venu irriter et envenimer les négociations.

Enfin, après une mise en demeure pour l'Espagne d'avoir à évacuer Cuba, le 21 avril 1898 la guerre se trouva déclarée.

Dans l'exposé rapide de ce débat préliminaire dont nous n'avons esquissé seulement que les traits généraux, comme dans l'étude qui va suivre, nous nous défendons, encore une fois, de prendre parti pour les Espagnols ou les Américains; nous voulons seulement définir, en dehors de toute suggestion sentimentale et en gardant la plus stricte impartialité, l'enseignement qui peut résulter des faits de guerre que nous allons nous efforcer de raconter dans leurs grandes lignes.

Il conviendra, tout d'abord, d'indiquer sommairement la situation militaire de chacun des adversaires au moment de la déclaration de guerre.

Situation militaire de l'Espagne et des États-Unis au mois d'avril 1898.

Les États-Unis et l'Espagne avaient, au début de l'année 1898, un état militaire bien différent.

D'un côté, l'Espagne entretient une armée permanente de plusieurs centaines de mille hommes, organisée suivant les principes modernes ; le soldat a de l'énergie, mais de valeur surtout passive ; derrière un abri, il n'est pas facile à déloger ; sobre, rude, bon marcheur, il a montré ce qu'il vaut, quand le terrain lui permet de développer ses qualités natives, pendant les guerres de l'Indépendance et aussi pendant les guerres civiles.

L'Espagne a, depuis deux ans, envoyé plus de 150,000 hommes à Cuba, sans qu'un document certain puisse permettre de dire combien les maladies et le feu des insurgés cubains en laissaient de disponibles au moment de la déclaration de guerre.

De l'autre côté, les États-Unis n'entretiennent qu'un embryon d'armée : 20,000 ou 25,000 soldats, ce qui, pour une étendue de territoires énorme et une population de 70,000,000 d'habitants, est un chiffre infinitésimal.

Il lui a donc fallu faire appel aux engagements volontaires, et ceux-ci ont, en deux mois, porté l'effectif à environ 200,000 hommes.

Le fâcheux, c'est qu'il faut improviser les chefs en même temps que les soldats. Vêtir, nourrir, armer les uns et les autres, puis les instruire au moins sommairement, enfin surtout les organiser et, tout d'un coup, faire marcher les rouages si compliqués d'une formidable organisation militaire.

Tant au point de vue du matériel qu'à celui du personnel, il y a là un effort énorme, tel que nous nous demandons si aucune nation européenne eût été capable de le produire dans les mêmes conditions de ressources et de temps.

Certes, les journaux ont retenti d'incidents qui n'indiqueraient pas un sentiment patriotique et militaire très élevé. Des compagnies, des régiments, auraient refusé le service et auraient été licenciés pour insubordination.

Mais si l'on veut bien réfléchir, il apparaîtra que si un fait de cette nature est répété par soixante journaux, cela ne veut pas dire qu'il y ait soixante faits d'insubordination différents. Le bruit est plus fort autour de l'incident, voilà tout, mais l'incident regrettable en lui-même reste le même; c'est ce qu'il faut bien reconnaître et aussi qu'on ne parle pas de ceux qui répondent à l'appel et font simplement leur devoir.

Ce sont les plus nombreux.

Que dans un grand mouvement remuant, à la fois et si profondément, les esprits et les intérêts matériels d'une nation habituellement tout adonnée au commerce et à l'industrie, il se produise des faits pareils, cela n'a rien d'étonnant. Que des régiments si hâtivement réunis manquent d'équipements, de campement, d'armes même, tout est possible. Mais, si un peuple est capable, au milieu de toute cette bousculade, dont nous trouvons un exemple dans les souvenirs de 1870, d'organiser suffisamment en deux mois 20,000 ou 30,000 hommes, de les embarquer et de les envoyer à travers les mers prendre part à des expéditions lointaines; si, de plus, ces troupes de nouvelles levée ne reculent pas devant les fatigues, les maladies, les pertes au combat, si finalement elles battent des troupes européennes d'ancienne formation, nous disons que ce peuple a fait preuve d'une énergie et d'une virilité peu communes.

Mais ce ne sont pas seulement les armées de terre qui constituent la puissance militaire des belligérants.

La marine surtout, dans cette guerre, doit jouer un rôle considérable en rapport avec l'immense étendue de côtes que chacun des adversaires avait à garder:

L'Espagne : Cuba, Porto-Rico, les Philippines; les États-Unis d'Amérique : leurs rivages de l'océan Atlantique et de l'océan Pacifique.

Il suffit de regarder un planisphère pour constater que le théâtre de la guerre se réduit.... au monde entier.

Or, pour faire cette guerre, défendre de suite le littoral et porter la dévastation sur celui de l'ennemi, quelles sont les ressources des partis en présence ?

C'est ce qu'il importe de vérifier dès le début, car de cette constatation résultera un enseignement qu'il serait téméraire de négliger.

Du côté espagnol, nous voyons de nombreuses canonnières

sans valeur militaire aucune, bonnes à employer contre des sauvages tout au plus ; des anciens croiseurs non cuirassés, pas même protégés, à peine armés de pièces de calibre moyen ; quelques torpilleurs. Puis une dizaine de croiseurs dont quatre répondant seuls d'une façon assez complète aux nécessités de l'époque : cuirassements moyens ; tonnage plutôt faible (5,000 tonneaux), peu de charbon indigène ; grande vitesse (22 à 28 nœuds), assez grand rayon d'action ; armement : canons à tir rapide et, pour les grosses pièces, calibres de 15 à 35 centimètres.

Il convient de remarquer que la plus grande partie de cette flotte, qu'on peut pourtant qualifier de moderne, n'est pas disponible. L'économie qui s'impose aux finances espagnoles ne permet pas d'avoir tant de bateaux en armement de première catégorie.

Certains gisent désarmés au fond des ports, d'autres sont en construction lente. Enfin ceux qui sont en escadre ont des équipages réduits, de sorte que, malgré toute la valeur personnelle des officiers et des matelots espagnols, qui n'est aucunement mise en doute, la préparation à la guerre aussi bien au point de vue du matériel que du personnel semble être insuffisante.

En Amérique, au contraire, on paraît avoir été préoccupé de constituer une flotte capable dès le premier moment d'entrer en campagne sans attendre des réserves et l'adjonction indispensable d'unités préparées sur le papier, mais dont le passage sur le pied de guerre demande toujours un certain temps. Des renforts sont prévus ; ils viennent s'ajouter à une force réelle déjà existante, mais non point la constituer.

Ce qui est déjà une forte différence.

Le tonnage moyen est de beaucoup supérieur.

Le cuirassé d'escadre, bien qu'ayant une vitesse inférieure aux croiseurs espagnols (16 à 18 nœuds), est fortement protégé sur sur ses flancs par des cuirasses épaisses, il est armé de canons des plus gros calibres, possède une artillerie à tir rapide nombreuse et abondamment pourvue de munitions. En un mot elle représente dans son ensemble le type que l'on peut considérer comme le plus moderne.

Puis des croiseurs analogues à ceux de l'Espagne, des torpilleurs, des canonnières, enfin, pour la défense locale, des monitors, type de bateau évidemment suranné, mais pouvant servir au moins de batteries flottantes, qu'il serait imprudent à un vaisseau quelconque de traiter par le dédain en passant à portée de ses pièces.

Montant cette flotte déjà nombreuse et presque absolument moderne, des équipages constamment tenus en haleine, manœuvriers, exercés aux tirs à la mer, capables d'entrer en campagne du jour au lendemain.

Du charbon indigène à discrétion.

Pour seconder leurs flottes actives, l'un et l'autre adversaire s'assurait le concours de tous les vapeurs de commerce ou paquebots aménagés en croiseurs auxiliaires.

Unités de combat d'une valeur nulle ou à peu près, mais pouvant au besoin éclairer au loin et surtout être utilisés pour le transport des troupes, du charbon, des approvisionnements divers et du matériel.

L'Espagne se réservait théoriquement le droit de décréter la course et d'armer des corsaires, malgré les stipulations internationales contraires, auxquelles il est vrai elle n'avait pas adhéré; mais cette réserve d'ordre diplomatique, surtout platonique, ne pouvait avoir et n'a eu jusqu'ici aucune utilité pour elle.

Une observation s'impose de suite, c'est la différence qui existe entre la situation de l'armée de terre et celle de l'armée de mer des États-Unis.

En réalité, c'est la flotte qui est l'armée permanente, la véritable force toujours prête à entrer en action et à produire de suite un effort puissant et décisif suivant les circonstances. C'est la sauvegarde immédiate.

Tout naturellement, c'est ce dont le public européen ne se doutait que très peu.

Il suffisait que certains croiseurs espagnols eussent été construits en France pour qu'on attribuât à toute la flotte espagnole une puissance imaginaire et la plus considérable.

Cette flotte avait, grâce à la vitesse de ses unités, une mobilité bien supérieure à celle des États-Unis; rassemblée au Cap-Vert, elle allait de là fondre sur l'Amérique, bombarder au nord comme au sud tous les ports des Yankees; par sa vitesse elle échapperait aux lourds cuirassés ennemis, les harcèlerait, s'emparerait de tous les bateaux si nombreux du commerce américain, couvrirait les côtes de Cuba si, par un excès de témérité, les Américains y tentaient un débarquement.

La réalité, c'est que le personnel de ces derniers entraîné par des exercices constants, que leur matériel très puissant et nombreux tenu au niveau des derniers perfectionnements, étaient très supérieurs comme nombre, instruction et valeur à ce que les Espagnols pouvaient leur opposer. Et c'est ce qui explique, malgré l'étonnement dont la presse européenne s'est fait l'écho, les résultats des opérations dont le récit va suivre. Ce sont des conséquences obligées, qui s'imposent à la suite d'un examen quelque peu attentif de l'état militaire de chaque parti.

Opérations et Enseignements à en tirer.

Après avoir examiné les causes de cette guerre, puis les moyens dont chaque État belligérant disposait pour la soutenir, nous allons nous efforcer, en suivant les opérations, sinon pas à pas, du moins dans leur ensemble, d'en tirer les enseignements qu'elles comportent. Comme on a dû le remarquer déjà, nous ne nous attachons pas à des détails qui, pour intéressants qu'ils soient, ne nous semblent pas à leur place dans une étude générale plutôt synthétique qu'analytique.

C'est pourquoi nous n'avons pas énuméré, ni les noms des navires de l'une et l'autre flotte ni discuté leurs propriétés. C'est pourquoi nous ne donnerons pas non plus la composition des armées belligérantes suivant leur ordre de bataille.

Ce que nous voulons voir, c'est un ensemble présentant tel caractère déterminé, rechercher la cause des effets qui sont produits en les notant au fur et à mesure qu'ils se produisent. Étudier ces résultats pour savoir d'où ils dérivent et s'il est possible arriver à une conclusion.

Les moyens d'information dont nous disposons ne permettent pas de garantir toujours une authenticité absolue. On conviendra que les nouvelles qui arrivent du théâtre de la guerre sont souvent obscures, confuses et contradictoires.

Chaque télégraphiste ou correspondant ayant pris avec passion un parti ou l'autre, voit les choses à travers les lunettes qui lui conviennent. C'est un fatras de déclarations, d'applaudissements, de chants de triomphe, d'enthousiames, de menaces au milieu desquelles il est difficile de se retrouver si l'on ne se décide pas, comme nous avons déjà dit, à faire abstraction complète de ses sentiments et préférences.

C'est à cet éclectisme, que quelques-uns trouveront bien froid, égoïste, même cruel, qu'on doit arriver par la conscience exclusive, mais exacte, des intérêts de notre Patrie et aussi pour pouvoir étudier avec impartialité et fruit le côté militaire qui nous intéresse particulièrement.

Il est cependant, au milieu de tout ce chaos, certains faits qui surnagent et des résultats qui sont acquis. Ce sont autant de points de repère auxquels il convient de s'attacher, en négligeant tout ce qui ne peut supporter les atteintes d'une critique impartiale.

Nous avons vu qu'au moment de la déclaration de guerre les États-Unis étaient loin d'être prêts à la lutte qu'ils engageaient. Sur terre, 20,000 hommes de troupe armés ou à peu près du nouveau fusil de petit calibre ($6^{mm},5$), et sur mer, une flotte relativement puissante, mais ignorée du profane, ayant comme fusil le nouveau Lee, du calibre de 6^{mm}.

Si la flotte est prête, l'armée ne l'est guère, puisqu'elle n'existe pas. Des décrets présidentiels appellent donc des volontaires; des camps sont installés à Tampa et dans d'autres endroits.

Pendant cette période d'organisation, la flotte se met en route. Le blocus de Cuba est dénoncé aux puissances neutres, et de Key-West, base d'opérations de l'escadre, des expéditions s'organisent pour essayer de tendre la main aux insurgés cubains, malgré la surveillance que les troupes espagnoles doivent naturellement exercer sur le littoral de l'île.

Tout d'abord, La Havane paraît être le principal objectif. Matanzas, Cardenas, Cienfuegos sont à tour de rôle le lieu de différentes escarmouches qui toutes peuvent se résumer ainsi et, logiquement, ne pouvaient pas être autres.

Les bateaux américains croisent au large, tout en se tenant à distance des batteries de la côte. Ils essaient d'envoyer plus ou moins d'obus sur ces ouvrages et jusque sur les villes en arrière; après quoi ils se retirent pour reprendre leurs positions de blocus ou aller autre part exécuter une pareille opération.

Échange de coups de canon qui atteignent rarement les ouvrages, plus rarement encore les bateaux.

Résultat : quelques morts et quelques blessés.

Quand les vaisseaux américains se retirent après bombardement fait, les Espagnols crient victoire ; on envoie des télégrammes de félicitations.... C'est là une erreur grave, parce qu'elle tend à tromper l'opinion, qui tombe de plus haut quand on l'a surexcitée faussement pour lui faire croire que tout va au gré de ses désirs.

Les Américains se retirent parce qu'ils ont suffisamment tâté le pays et fini la reconnaissance qu'ils voulaient faire.

En fait, ces opérations, tout en n'ayant pas l'importance que le reportage leur attribue, en ont pourtant une véritable. Cette série d'actions continue, menaçant à tout instant des points éloignés sur toutes les côtes de Cuba, est de nature à énerver les défenseurs. Nous savons que le bombardement est une opération de vingt-cinquième ordre si on le veut, il n'en est pas moins vrai que son exécution intermittente et inattendue, quand même elle n'entraînerait pas des désastres et des ruines multiples, pousse la défense, en l'inquiétant, à disséminer ses forces ou à les grouper, souvent hors de l'endroit où elles seraient utiles. Le bombardement provoque l'intervention des populations civiles, qui ne peuvent longtemps supporter cette menace perpétuelle suspendue sur leurs têtes.

Dans le cas actuel, la manœuvre a le grand avantage d'immobiliser les troupes espagnoles, en les tenant dans l'incertitude du point choisi pour le véritable débarquement.

C'est alors que se produit le fait le plus stupéfiant qui se puisse concevoir.

Nous avons vu que l'escadre espagnole, composée de ses meilleurs croiseurs, était au Cap-Vert. Tout à coup, on apprend qu'elle a quitté son mouillage pour une destination inconnue ; pendant quinze jours on ignore ce qu'elle est devenue ; peut-être est-elle en route pour les Philippines, peut-être va-t-on apprendre qu'elle est en train de bombarder, elle aussi, quelque port américain de l'Atlantique ? L'événement était tout autre ; après avoir côtoyé le Venezuela et traversé les petites Antilles, la flotte de l'amiral Cervera était entrée dans l'anse de Santiago-de-Cuba.

A cette nouvelle, on dirait que l'Espagne est sauvée ; n'insistons pas sur tant de félicitations, même officielles. Pour nous, qui étudions froidement ces événements, sans aucun parti pris, nous ne pouvons que les déplorer pour les Espagnols. Nous sommes en face d'une faute de premier ordre, l'avenir le démontrera.

Le but de la guerre n'est pas d'*échapper* à son ennemi, mais de chercher à le détruire.

Si, par suite de circonstances dont le chef supérieur est incontestablement seul juge, il peut être utile momentanément de manœuvrer de façon à se soustraire à l'étreinte qui va vous étrangler, il est bien certain qu'il faut s'efforcer d'obtenir ce résultat, mais pas pour lui-même, pour un but défini, pour se ménager une meilleure position, un terrain de combat choisi, pour attendre des renforts annoncés; enfin, dans l'intention de se mettre en meilleure posture pour détruire son ennemi, ce qui est le but final.

Or, pût-on choisir un lieu plus dangereux pour l'attente ou le combat que ce fond de bouteille de Santiago? Nous ne le pensons pas, et, pour notre part, nous ne comprenons pas que, à moins d'ordres spéciaux, de mission secrète, la flotte espagnole soit venue s'enfermer dans un cul-de-sac dont elle ne pourra pas sortir.

C'est comme si l'Espagne n'avait plus de flotte.

Sitôt que les Américains connaissent la nouvelle, ils ne se méprennent pas sur l'importance de l'événement.

L'escadre de l'amiral Sampson vient fermer le goulot et, de suite, s'occupe de rechercher un point de débarquement qui permette à l'armée de terre de coopérer à l'attaque de Siantago et à la destruction ou à la prise des vaisseaux espagnols.

En effet, on n'avait point perdu de temps dans les camps américains: un corps de 12,000 ou 15,000 hommes était prêt à embarquer avec son artillerie de campagne, de l'artillerie de siège et tout son matériel.

Pour nous, nous ne pouvons nous empêcher de trouver ce fait remarquable, et, sans vouloir en faire plus d'état qu'il ne convient, nous nous demandons encore quel gouvernement européen eût été capable d'un pareil effort.

Il convient, en effet, de remarquer que les envois de troupes se succèdent régulièrement aussi bien vers Manille, à travers le Pacifique, qu'à Cuba.

Car les États-Unis ont organisé deux bases d'opérations, San-Francisco et Key-West—Tampa sont têtes de ligne pour les deux côtés. C'est assurément indispensable, mais on conviendra qu'il y a là une augmentation sensible de difficultés.

Quoi qu'il en soit, une flotte de transports remplis de troupes, protégée par l'escadre de guerre, est arrivée rapidement devant Santiago-de-Cuba.

Le point choisi très habilement pour le débarquement, est caché à l'ennemi par de nombreuses démonstrations parallèles et, au jour où les transports se présentent en face de Baiquiri, à 24 kilomètres à l'est de Santiago, ils peuvent mettre à terre presque sans combat les troupes et le matériel qu'ils apportent.

Nous ne décrirons pas ici le côté tactique de ce débarquement exécuté sous la protection de la flotte, par des miliciens, avec ou sans warf ; autant qu'on en peut juger par ses résultats, il semble pouvoir servir de modèle comme dispositions prises, ordre et rapidité.

Aussitôt à terre, les troupes américaines, commandées par le général Shafter, se portent vers l'ouest, dans la direction de Santiago.

Des partis, lancés en avant, chassent les postes espagnols et prennent contact avec les insurgés sous les ordres de Calixto Garcia.

Deux ou trois rencontres de peu de valeur en elles-mêmes, dont les correspondances exagèrent à plaisir l'importance, en attribuant une victoire imaginaire à l'un ou l'autre parti, amènent les troupes du général Shafter devant les hauteurs derrière lesquelles se trouve Santiago.

La température est extrêmement chaude et humide, des pluies diluviennes inondent le pays, les routes sont presque impraticables, la grosse artillerie ne peut y passer ; mais les pièces de campagne et les troupes d'infanterie, malgré ces intempéries, réussissent à se porter en avant.

La fièvre jaune, la malaria, menacent les hommes ; c'est là, pensons-nous, qu'il faut rechercher la cause de la hâte que met le général Shafter à quitter le littoral pour s'élever sur les plateaux.

On s'est, en effet, demandé pourquoi il n'attendait pas les renforts qui lui étaient annoncés, et l'on trouve au moins imprudente la façon dont il s'est jeté en avant vers Santiago, dont il ne soupçonnait pas, prétend-on, la force de résistance.

De semblables critiques nous ont toujours paru hasardées. Que sait-on des circonstances où se débat un général en chef, surtout d'un travers à l'autre de l'Atlantique? Qui apporte, qui jette dans le public des appréciations tantôt louangeuses, tantôt malveillantes, mais pas plus raisonnées les unes que les autres? Le moral des troupes, leur tempérament, les nécessités du climat, de la température, de l'alimentation, les maladies menaçantes et bien d'autres choses sont autant de motifs qu'un reporter, si habile qu'il soit, peut difficilement apprécier, et que, par suite, le public ne peut pas censurer en véritable connaissance de cause.

Nous pensons pour notre part qu'il ne faut pas perdre de vue les résultats acquis, et, sans dire que le succès justifie tout, nous reconnaîtrons que cet adage trouve une application fréquente à la guerre et que, dans le cas spécial qui nous occupe, les Américains viennent de montrer une décision remarquable.

Le 31 mai, le commodore Schley attaquait l'entrée de la baie de Santiago et criblait d'obus la Punta-Gorda, le Morro et la position d'Estrella.

Le 3 juin, le lieutenant Hobson et sept matelots tentaient d'obstruer la passe en faisant sauter le *Merrimac*.

Le 6, nouveau bombardement des ouvrages extérieurs.

Le 7, débarquement de 800 hommes d'infanterie de marine à Caimenera.

Le 16, nouvelle attaque de Santiago.

Le 20, une flotte, composée de 32 transports, amène 773 officiers, 14,564 hommes de troupe : soit, 17 *régiments d'infanterie* (11,270 hommes); cavalerie (307 hommes); artillerie (4 batteries de campagne, 2 batteries de siège), et, le 22 juin, toute cette force débarque, nous l'avons vu, à Baiquiri, pour de là se porter vers Santiago.

Arrivés devant les positions espagnoles, les Américains attaquent vivement. Leur droite vers El Caney au nord, leur gauche au sud à la mer, passant par San-Juan, Peluca et Sevilla. La flotte soutient de ses canons la marche des troupes.

Ici, les Espagnols retranchés dans des positions préparées à l'avance, entraînés par des généraux comme Linarès, Moral,

Vara el Rey, ont montré ce dont ils étaient capables; à peine au nombre. nous dit-on, de 2,000, ils tiennent tête tout le jour à 10,000 Américains, dont l'énergie ne peut pas non plus être mise en doute.

La lutte se poursuit toute une journée avec des péripéties diverses. mais enfin tournés au nord, canonnés à revers, au sud, par la flotte, les Espagnols sont obligés de rentrer dans la ville et, suivant la dépêche officielle espagnole même, le combat se termine le soir dans El Caney, resté au pouvoir des assaillants.

Ces événements se passaient les 1er et 2 juillet.

Laissant de côté les incidents romanesques, fantaisistes ou dramatisés rapportés par une certaine presse, il nous sera permis d'apprécier cet engagement au point de vue de sa valeur intrinsèque et de ses résultats.

Nous avons retrouvé, dans les dépêches et les récits qui nous sont parvenus, beaucoup de cet esprit de satisfaction *quand même*, dont la France a tant souffert en 1870.

Vouloir transformer les défaites en victoires, chercher à ces insuccès, qu'on est finalement obligé d'avouer, des explications qui ressemblent à des excuses, c'est rendre un pitoyable service à son pays ou à ceux qu'on prétend flatter ou consoler.

Mieux vaut, sans hésitation, reconnaître ses erreurs et faire en sorte de ne pas les renouveler.

Certes, dit-on, si les Espagnols reculent, c'est qu'ils manœuvrent pour s'établir sur des positions préparées, meilleures et plus rapprochées de la ville. Puis ensuite s'ils abandonnent ces positions, c'est en exécution d'un plan concerté, c'est qu'ils veulent attirer leurs ennemis dans la ville, dont ils barricadent toutes les rues pour les y écraser.

Et, lorsque la défaite ne peut plus être cachée, c'est qu'ils étaient trop peu nombreux.

Eh bien ! disons-le de suite, tout cela est pauvre. Pourquoi ne pas avouer la vérité, elle est assez honorable pour ne la point cacher. La vérité est que les troupiers espagnols ont montré une ténacité et une valeur individuelle qui touchent à l'héroïsme.

Les chefs ont combattu comme les soldats et ont payé de leur sang leur dévouement à la patrie, mais les dispositions même qu'ils avaient prises ne pouvaient leur donner la victoire et ne laissaient pas entrevoir une autre issue que l'insuccès.

Du moment où les Américains ont pris pied sur le sol de Cuba, les Espagnols sont virtuellement battus.

C'est là où l'habileté des Américains s'affirme. Dans le choix du point de débarquement, ils ont montré un sens plus qu'ordinaire des choses de la guerre et, rendus devant Santiago, qu'ils commettent des fautes dans le placement de leurs batteries ou de leurs réserves, fautes qui leur seraient justement reprochées dans une manœuvre d'instruction de temps de paix, qu'ils rencontrent des obstacles naturels difficiles à enlever de vive force, c'est possible; ils n'en sont pas moins vainqueurs.

Leur nombre est supérieur, cela paraît certain, mais de cela nous ne saurions leur faire un reproche, au contraire. L'art à la guerre ne consiste pas seulement à combattre, il consiste bien plus à se préparer les conditions les meilleures pour le combat. Parmi elles la supériorité du nombre est une des premières.

Qu'on honore la résistance d'un groupe minime en face d'un ennemi nombreux et entreprenant, c'est parfait, nous avons en France assez de ces exemples glorieux pour savoir les comprendre; mais qu'on en fasse une règle sous le prétexte vain qu'un homme de notre nation en vaut dix des autres, c'est ce que nous n'admettons plus. Il est clair, d'ailleurs, que cet axiome se détruit de lui-même s'il s'applique à toutes les nations, et nous ne voyons pas qui empêcherait les autres d'avoir d'eux-mêmes une opinion identique.

Quand on dit : les Espagnols n'ont pu s'opposer au débarquement parce qu'ils étaient moins nombreux que leurs adversaires, c'est constater implicitement qu'ils n'ont pas su manœuvrer de façon à se présenter en nombre supérieur, ce qui est une faute, surtout quand on dispose de 140,000 hommes de troupes régulières et de 80,000 volontaires, au fond aussi réguliers que les premiers.

C'est justement le tort des Espagnols d'avoir été surpris par le débarquement de l'ennemi et, ensuite, de s'être laissé acculer à un combat où ils ne pouvaient opposer qu'un effectif très inférieur sur un front bien trop étendu, quoique la position fût forte par elle-même.

Enfin, nous le savons par expérience, la défensive passive est destinée à succomber partout et toujours : à Frœschwiller, comme à Santiago, la supériorité de la position a été la cause principale de la faute commise.

Cette position est devenue la force la plus importante opposée à l'ennemi, tandis qu'elle aurait dû n'être qu'un appui pour manœuvrer, combattre activement et rompre l'attaque par une contre-attaque exécutée vigoureusement sur ses flancs.

Au lieu de cela, les Prussiens ont eu toute liberté de manœuvre et gagnent les derrières de la position par le ravin de l'Eberbach, comme les Américains se glissent dans El Caney et au delà.

Aussi, malgré l'héroïsme déployé sur le plateau de Frœschwiller, comme sur les crêtes en avant de Santiago, fallut-il quitter la place sous peine d'être coupé de sa ligne de retraite.

A la suite de ce combat, les Américains installent leurs batteries sur les hauteurs qui environnent Santiago.

Tout en proclamant qu'on ne rendra pas la ville, malgré la menace du bombardement et son commencement d'exécution, il paraît qu'on en admet l'éventualité, puisque le gouverneur est entré, dit-on, en pourparlers avec le général Shafter pour faire sortir des femmes et des enfants, les étrangers, et discuter les conditions d'un armistice qui, de fait, est accordé.

Sans vouloir jeter la pierre à des gens déjà bien infortunés, nous sera-t-il permis de dire que nous voyons là les symptômes d'un désarroi bien grave et dangereux dans l'esprit du commandement?

Est-ce que, vraiment, il est admissible que le gouverneur d'une place assiégée puisse entrer en pourparlers avec le général de l'armée qui l'assiège et en reçoive des communications sur des points qui intéressent la défense? D'autre part, sans suspecter aucunement la loyauté du général Shafter, est-ce que de pareilles communications méritent créance et ne sont-elles pas de nature à porter le trouble dans l'esprit des chefs et des soldats eux-mêmes?

Il y a vingt-huit ans, nous avons eu de ces exemples néfastes; comment se peut-il que cette expérience soit perdue, même pour ceux qui n'en ont été que les spectateurs?

Certainement, on ne peut que se féliciter de voir échanger des prisonniers qui ont fait tout leur devoir, qui, eux-mêmes, rendent l'aveu qu'ils ont été parfaitement traités dans les camps adverses;

il est aussi consolant pour l'humanité et la gloire des belligérants de constater qu'ils savent honorer le courage malheureux, et rendent aux morts et aux vivants les honneurs militaires les plus complets. De pareils faits sont à la louange de ceux qui en sont les auteurs.

Mais à cela seul devraient se limiter les relations entre assiégeants et assiégés, et nous ne pouvons admettre ce va-et-vient insolite de parlementaires, ces prêts de télégraphistes et ces consuls étrangers se mêlant à des événements qui ne les regardent qu'indirectement.

Cela dit, il est certain que Santiago ne peut que tomber aux mains du général Shafter[1].

Ce n'est pas lui qui commet une faute en n'attaquant plus, ce sont les autres.

A quoi bon tenter une attaque de vive force, dont l'issue est toujours incertaine, sur la ville elle-même? La poire mûrit toute seule. Avec ses renforts, il n'a qu'à compléter l'investissement et la ville, affamée, devra se rendre à discrétion.

L'important est que cela arrive avant la fièvre jaune. Mais il est dit que les Espagnols épuiseront toutes les mauvaises chances.

Après avoir commis l'erreur de se réfugier dans la bouteille de Santiago, voici que l'amiral Cervera essaye d'en sortir au moment le moins opportun.

Nous avons déjà apprécié la tactique de cette « mise en bouteille » de la flotte du Cap-Vert, nous n'y reviendrons donc pas.

L'anse de Santiago est formée par un goulet très étroit et sinueux, gardé par des ouvrages suffisamment armés pour en interdire l'accès.

La flotte espagnole, mouillée en eau profonde, se tient dans la partie large de la baie. Les obus lancés par des vaisseaux croisant au large de la pleine mer peuvent difficilement l'atteindre. Aussi ne prend-elle qu'une part minime aux différents combats signalés plus haut et qui, pour les Américains, avaient simplement pour but de tâter la côte et d'inquiéter l'ennemi en

---

[1] La nouvelle de la reddition de Santiago est arrivée le 14 et a été définitivement confirmée le 17 juillet.

le laissant dans l'incertitude de l'endroit où l'attaque décisive aurait définitivement lieu.

Cette escadre est bien à l'abri, mais elle n'a pas prévu que le danger lui viendrait par-dessus Santiago lui-même.

Elle se garait de la mer, et c'était de la terre que le désastre allait fondre sur elle.

Quand, à la suite des combats du 1er et du 2 juillet, la crête des hauteurs à l'est de Santiago est occupée par les Américains, malgré le feu de ses propres canons, elle se trouve directement menacée. Pour ne pas périr sur place, il faut essayer de sortir.

Ici se place un incident qui mérite qu'on en parle, encore que sa confirmation soit peut-être nécessaire. Si le fait est vrai, il viendrait décharger d'une grosse part la responsabilité du chef de l'escadre espagnole.

On raconte, en effet, que celui-ci aurait dit que, dans la journée du 3, il avait reçu trois dépêches du ministre de la marine lui enjoignant de sortir de Santiago : « Quelles qu'en soient les conséquences, prenez la mer et marchez à l'ennemi ».

Évidemment, si le ministre a cru devoir envoyer avec cette insistance une injonction aussi formelle, c'est sous la pression de l'opinion publique qui, par un de ses revirements coutumiers, commençait à s'exaspérer contre l'amiral et sa flotte, après les avoir portés aux nues.

Que l'initiative vînt de Madrid ou de l'amiral lui-même, sous la pression des considérations précédemment indiquées, le résultat devait être le même.

L'amiral aurait dit qu'il comptait détruire, en sortant, un bateau américain, le *Brooklyn* (pourquoi celui-là plutôt qu'un autre?) et ensuite, faisant force de vapeur, gagner La Havane pour s'y réfugier.

Vraiment, nous espérons que cette déclaration est apocryphe ; encore une fois, pour une flotte comme pour une armée, il ne s'agit pas de se réfugier, mais de combattre.

Malheureusement, cette escadre infortunée avait laissé passer l'occasion, comme l'armée de Santiago, de compenser sa faiblesse par ses qualités de grande mobilité. Pour l'une comme pour l'autre, c'était la tactique classique d'Horace qu'il s'agissait d'appliquer en la rajeunissant, la seule qui eût des chances d'arracher quelques succès aux Américains, encore dispersés.

Mais à l'heure actuelle, sortir de la bouteille quand une escadre formidable en surveille le goulot ou le goulet, c'est courir à la destruction certaine.

La vitesse des vaisseaux espagnols ne peut les sauver, il leur faut, en effet, évitant l'épave du *Merrimac* et les torpilles dormantes semées dans le chenal, sortir un par un, en file indienne, et le jour, à cause de ces torpilles.

Par conséquent, la surprise est impossible ; avertis par l'apparition du premier bateau, les Américains sont en position pour recevoir les suivants.

Ensuite, préoccupés surtout de forcer la ligne ennemie sur un point, les Espagnols semblent ne manœuvrer que pour s'échapper et non pour combattre ; ils ont donc prêté le flanc aux canons de l'adversaire et ne se sont guère servis que de leurs pièces de chasse en avant et en arrière, et du côté droit au moment du passage.

Mais ce forcement ne s'est pas accompli pour eux sans dommage.

A chaque vaisseau espagnol se sont attachés un ou deux bateaux américains ; avec une entente très nette du but à atteindre, chacun a poursuivi son adversaire, très probablement celui que le hasard de la poursuite lui désignait et, tandis que celui-ci s'efforçait de gagner de vitesse, il le suivait en l'accablant impitoyablement de ses obus de tous calibres.

Bientôt chaque bateau espagnol, percé d'un bord à l'autre, éventré, faisant eau, mis en feu jusque dans ses cales, était obligé d'amener son pavillon. Mais avant de le faire, il essayait de se jeter à la côte pour y chercher un abri qu'en réalité elle ne pouvait lui fournir, puisque celle-ci appartenait aux insurgés.

Quelques bateaux ont été réduits en dix ou quinze minutes, d'autres ont résisté plus ou moins longtemps et, comme le *Cristobal-Colon*, ont pu gagner une vingtaine de milles, mais sans échapper au même sort.

Tous les récits sont unanimes à rapporter qu'aussitôt le pavillon amené, les Américains ont cessé le feu et envoyé des chaloupes pour sauver les équipages espagnols pris entre les flammes et l'eau. En arrivant à bord des vaisseaux américains, les officiers espagnols ont trouvé un accueil digne de leur courage malheureux. En y montant, ils ont vu que le sang de leurs blessés, seuls, rougissait les ponts américains.

En effet, tandis que chaque unité de la flotte espagnole est criblée d'obus[1], que les équipages sont décimés, que leurs soutes enflammées sautent, que leurs torpilles éclatent à bord, crevant ainsi ceux qu'elles devaient défendre, les bateaux américains ne reçoivent que peu de projectiles et leurs pertes se chiffrent par 1 homme tué et 8 blessés.

En fait, tout en étant soumis à une canonnade violente, les Américains n'ont presque rien reçu, tandis que leur tir très précis manquait rarement le but.

Ils manœuvraient avec d'autant plus d'aisance que leur confiance devait s'augmenter devant ces résultats rapidement constatés.

N'y a-t-il pas là matière à réfléchir?

D'abord, pourquoi chaque bateau espagnol a-t-il cherché à se jeter à la côte au lieu de s'attacher à un adversaire, perdu pour perdu, à l'aborder et à l'entraîner dans sa destruction?

D'autres réflexions s'imposent aussi, qui ressortent non seulement de l'aspect général du combat, mais de certains faits particuliers qu'on ne saurait passer sous silence.

Par exemple, la destruction et la prise de deux contre-torpilleurs par un yacht armé en guerre et n'ayant qu'une artillerie de faible calibre, mais à tir rapide, il est vrai.

Le *Pluton* et le *Furor* ont été tellement criblés par les obus lancés du *Gloucester*, qu'ils n'ont pu riposter que quelques coups avant de se jeter à la côte.

Il paraît que, « sur les ponts et derrière les masques, la place était intenable pour les canonniers, qui ne pouvaient s'approcher de leurs pièces ». Ce qui explique comment le *Gloucester* n'a reçu aucun coup, tout en envoyant 1400 obus! Nombre formidable dans le peu de temps qu'a duré l'engagement.

Ainsi, voilà un bateau de plaisance, ni cuirassé ni protégé,

---

[1] Environ 180 trous d'obus ont été relevés sur les coques des vaisseaux espagnols, mais dans ce nombre ne sont pas comptés tous ceux qui ont pu raser les ponts, et ils ont dû être nombreux à en juger par le bouleversement que montrent les photographies prises immédiatement après le combat et publiées dans tous les journaux illustrés du monde.

armé seulement de canons à tir rapide, ayant un équipage animé d'un esprit offensif porté à la plus haute puissance. Il se jette hardiment sur deux bateaux de guerre plus ou moins protégés ou cuirassés, armés aussi de canons à tir rapide et de torpilles, mais préoccupés, il faut bien le dire, surtout de s'échapper plutôt que de combattre.

La soudaineté de son attaque étonne ses adversaires; il se couvre réellement lui-même par un feu violent et se protège par les coups qu'il envoie; finalement, il détruit ceux qui, selon toute probabilité, auraient dû l'anéantir.

Quelle leçon pour les partisans de la défensive et de la force de résistance des abris passifs !

Mais, revenant à l'enseignement qui résulte de cette action considérée dans son ensemble, on peut se rendre compte, comme cela avait eu lieu déjà à la bataille du Yalu, que la vitesse, malgré tant de réclamations tapageuses et de discussions vaines, est un facteur de second ordre, tandis que la cuirasse et le canon sont les véritables agents de tout premier ordre dans un combat naval. Quand un vaisseau file 22 nœuds et qu'il est opposé à un autre qui ne peut dépasser 15 ou 18 nœuds, il semble au premier abord qu'il doit promptement échapper au second. C'est une erreur : premièrement, il ne cherchera pas toujours à s'esquiver, mais à combattre; ensuite, voulût-il échapper que, pendant un certain temps, assurément suffisant à sa destruction, il restera dans le rayon de la portée des pièces du calibre de 32 ou 35, même de 20 et 15 centimètres.

Si, pour avoir cette vitesse théorique, qui, du reste, ne peut pas toujours être obtenue pratiquement, le bateau n'est que peu cuirassé, que peu protégé sur son pont, s'il n'est armé que de pièces de moyen calibre, il est certainement voué à la destruction.

Ses obus ne perforeront pas les plaques du cuirassé, tandis que les projectiles énormes de ce dernier éclateront dans l'intérieur de sa coque, y détruisant, y pulvérisant, grâce à leur charge colossale d'éclatement, tout le personnel et le matériel qui s'y trouve, y compris les torpilles, qui entrent à tort dans l'armement des cuirassés.

On s'est demandé pourquoi les obus américains ont allumé « si facilement » l'incendie dans les vaisseaux espagnols, non seulement ceux qui ont combattu à Manille, mais ceux de Santiago ; il n'y a pas d'autre raison, c'est que l'obus américain entrait dans le bateau et éclatait à l'intérieur et que la réciproque n'était pas vraie.

Donc, canon de gros calibre et cuirasse épaisse : voilà deux conditions que les gouvernements soucieux d'avoir une flotte de combat vraiment puissante feront bien de ne pas négliger.

Il en est une autre qui nous paraît aussi indispensable, c'est d'avoir des équipages à hauteur.

Et en disant cela, nous protestons encore une fois n'avoir l'intention d'émettre aucune critique désobligeante au sujet de l'infortunée flotte espagnole et de ses chefs.

Nous constatons un fait indéniable : c'est que le courage personnel, si admirable qu'il soit, ne compense pas l'organisation, et que, surtout dans cet appareil si compliqué qu'est le vaisseau de guerre, il faut des équipages dont l'instruction pratique et l'entraînement ne laissent rien à désirer.

Que chacun y soit à sa place, sache ce qu'il y a à faire et soit capable de le faire parfaitement. L'instruction du tir en particulier doit être poussée aussi loin que possible, afin d'avoir des canonniers d'élite, sûrs de leurs coups par tous les temps et toutes les ⋅⋅rs.

N'est-ce pas bizarre, ce fait, que les bateaux espagnols soient criblés et qu'au contraire les américains restent indemnes ?

A quoi attribuer cette différence, sinon à la différence même d'instruction ?

Nous avons vu que la flotte américaine s'entraînait depuis longtemps par des manœuvres et des tirs nombreux, tandis que les Espagnols, obligés à l'économie, se contentaient de navigations paisibles.

Enfin, nombreuse artillerie à tir très rapide alimentée d'un nombre considérable de cartouches de la meilleure qualité. Il est à craindre que celles des Espagnols ne vaillent pas grand chose.

Une autre observation doit aussi être faite. C'est que dans les opérations qui ont précédé cette bataille, et dans le combat lui-même, pas plus à La Havane qu'à Manille ou à Santiago, il n'a été employé de torpilles. De sorte que cet engin, qui paraissait si redoutable pour les cuirassés, est devenu plutôt un danger pour les bateaux qui les portaient que pour leurs adversaires[1].

Chaque fois que des torpilleurs ont été mis en mouvement, leur course, si alerte qu'elle fût, a été arrêtée par les canons à tir rapide, et ils n'ont jamais pu parvenir à une distance utile pour le lancement de leurs torpilles.

Est-ce donc que le torpilleur n'aurait pas l'efficacité qu'on lui accorde généralement, quand les canons sont chargés autrement qu'à poudre seule, ou bien faut il, pour avoir chance d'atteindre, lancer une nuée de torpilleurs dont les trois quarts et demi sont voués à une destruction certaine.

C'est là une question qui demanderait à être traitée à part, mais en tenant compte assurément des événements de cette guerre. Il nous semble qu'ils ne sont pas sans valeur enseignante.

Quant aux torpilles stables, mines sous-marines fixes ou dérivantes, leur emploi a évidemment une véritable valeur puisque la possibilité seule de leur emploi, la crainte seule de les heurter, suffit à interdire à une flotte l'entrée des goulets, l'approche des côtes.

Mais là encore, il paraît indispensable de prendre certaines mesures pour que le procédé ne se retourne pas contre ceux qui l'emploient.

Pendant que se passaient, dans le golfe du Mexique, les événements dont nous venons d'étudier les principales péripéties, d'autres actions de guerre surprenaient le monde dans l'archipel des Philippines.

L'Espagne possède dans ces mers, depuis leur découverte, un groupe d'îles dont Luçon est la plus grande, Manille en est la

---

[1] Ces lignes étaient écrites quand parut le rapport de la commission instituée par l'amiral Sampson pour visiter les épaves de la flotte espagnole. Le rapport dit en substance qu'il ne doit pas être employé de bois dans la construction des navires de guerre; les navires ne devraient jamais porter de torpilles; les batteries à tir rapide sont d'une importance capitale. Enfin, sur les cuirassés, les batteries principales doivent diriger leur feu au-dessous du cuirassement. L'*Oquendo* a 81 trous d'obus dans sa coque; le *Viscaya*, 21; le *Maria-Teresa*, 33; le *Cristobal-Colon*, 80. Le *Viscaya* a sauté par l'effet de ses propres torpilles. Le *Maria-Teresa* et le *Cristobal-Colon* pourront être renfloués.

capitale. Cette ville s'élève au fond d'une baie à large ouverture orientée vers l'ouest, faisant face à la Chine méridionale.

Soumise au régime colonial traditionnel de la métropole, cette possession est en état à peu près permanent d'insurrection. Elle est gardée par environ 20,000 hommes de troupes espagnoles et indigènes et par une escadre de croiseurs en bois non cuirassés, bateaux de types anciens, des canonnières démodées, tous armés d'une artillerie insuffisante comme nombre et calibre et, pour la plupart, de modèles surannés.

C'était une proie tout indiquée pour la flotte que les États-Unis entretiennent dans les mers de Chine.

Partant de Hong-Kong, au premier avis de la déclaration de guerre, l'amiral Dewey arrivait devant Manille.

La flotte espagnole, que l'amiral Montojo avait d'abord conduite à sa rencontre, rentrait hâtivement dans la baie pour s'embosser près de Cavite; elle espérait probablement trouver un appui dans les forts qui protègent cet arsenal.

Aucune défense sous-marine n'était organisée, de sorte que les Américains entrèrent dans la baie comme chez eux.

L'engagement fut naturellement de courte durée, bien que divisé en deux phases.

L'escadre américaine défile une première fois devant les bateaux espagnols en les criblant de projectiles, puis, après un délai d'une heure occupé à réparer quelques avaries légères, ils reprennent leur manœuvre en sens inverse et achèvent la destruction de leurs adversaires, incendiés, criblés, cherchant à se jeter à la côte, en laissant filer leurs câbles, pour sauver ce qui reste de leurs équipages.

L'amiral Dewey, maître virtuellement de Manille à la suite de cette destruction, ne peut en réalité occuper la ville défendue par une troupe dont la valeur n'est pas négligeable; mais il attend les renforts qui lui sont expédiés de San-Francisco et, lorsque leur effectif sera suffisant, nous assisterons vraisemblablement à une nouvelle série de combats et d'incidents dont l'intérêt ne peut manquer d'être grand.

A moins que la paix ne soit faite d'ici là, nous verrons alors si, aux Philippines comme à Cuba, les mêmes méthodes seront employées et si le tempérament propre à chacun des adversaires en présence produit les mêmes résultats.

On ne peut s'empêcher déjà de s'étonner de voir le général Augusti se renfermer derrière des tranchées dans des lignes chaque jour resserrées par les insurgés d'Aguinaldo et l'escadre américaine.

Le combat naval de Cavite ayant eu lieu bien avant celui de Santiago, on se disait que cette destruction complète d'une flotte n'était due qu'à la différence énorme qui existait entre les unités engagées. Le pot de terre ou de bois, et le pot de fer.

Mais si l'amiral Dewey avait eu en face de lui l'escadre du Cap-Vert, il n'eût pas eu la partie si facile.

Nous avons vu que l'événement a donné tort à ces pronostics et à ces espérances et si nous revenons sur ce point, c'est pour dire encore une fois que le succès sera toujours aux gros canons et aux forts cuirassements, parce qu'alors l'attaque et la défense sont assurées avec le maximum de puissance.

Avoir une cuirasse perforable ou n'avoir pas de cuirasse revient au même.

Les bateaux de Montojo, comme ceux de Cervera, ont été perforés par les obus américains, tandis que les obus espagnols n'entraient pas dans les murailles américaines.

De plus, Montojo s'était adossé à une côte, se retirant volontairement toute liberté de manœuvre, et s'offrant en cible à son adversaire ; peut-être sa première idée était-elle bonne : combattre en pleine mer et manœuvrer.

Si, à Lissa, la flotte autrichienne n'avait pas usé d'une offensive énergique en manœuvrant, elle eût été perdue, tandis qu'avec des vieux bateaux de bois, elle a détruit la flotte italienne cuirassée.

Mais, hélas ! comme les camps retranchés ont un attrait pour les armées qui devraient tenir la campagne, de même c'est sous les canons d'un arsenal qu'une flotte vient s'abriter et c'est là qu'elle subit le sort de tous ceux qui ont abdiqué leur initiative et leur liberté de manœuvre avec l'esprit d'offensive.

Quoi qu'il en soit, de tous ces événements il est facile de conclure à ceux qui vont suivre.

Malgré le courage personnel des Espagnols, malgré l'énergie déployée et sur terre et sur mer, Santiago va être obligé de capituler ; déjà 15,000 affamés en sont sortis et encombrent les lignes des Américains : proie immanquable pour la fièvre jaune, si cette capitulation se fait attendre.

Certes, Cuba ne sera pas conquis pour cela, mais le coup sera dur pour l'Espagne et l'on se demande s'il est de son intérêt, après la destruction de deux escadres, d'en sacrifier une troisième et d'autres territoires, et d'exposer les côtes de la métropole aux bombardements annoncés[1].

De toute façon Cuba est perdu pour les Espagnols. Ils auraient tort de se le dissimuler. S'ils persistent à vouloir combattre, sous prétexte que l'armée de Cuba ne veut pas de la paix, il est clair que l'Amérique sera obligée à un plus grand déploiement de soldats et de dollars, mais La Havane sera prise comme Santiago.

Ce n'est qu'une question de temps et de moyens, et quand les Américains, maîtres à présent incontestés de la mer, le voudront bien, ils le feront. Cela n'est pas douteux pour toute personne qui veut se donner la peine de réfléchir et ne pas se laisser entraîner par des sympathies qui vont naturellement à ceux qui sont frappés d'une infortune aussi terrible.

Avec les autres observations déjà signalées nous devons retenir la suivante qui intéresse la conduite des opérations : c'est qu'il est imprudent à un ministre, nécessairement loin du théâtre de la guerre, de prétendre à la diriger.

Il sera intéressant de savoir si réellement l'amiral Cervera a reçu de Madrid l'ordre de sortir coûte que coûte de Santiago, après avoir reçu primitivement l'ordre de s'y enfermer. Dans les deux cas, les conséquences ont été désastreuses, et s'il en est ainsi, on peut comprendre que, privé de sa liberté de direction, dans la crainte et la préoccupation des ordres qu'il pouvait recevoir, il se soit laissé entraîner à une opération que peut-être, avec la vision naturellement plus nette de celui qui est sur les lieux mêmes, il devait juger au moins inopportune.

En effet, on dit que les Américains menacés de la fièvre jaune, très en l'air, après la bataille du 2 juillet, où ils avaient en réalité

---

[1] L'escadre Camara, d'abord dirigée sur les Philippines et rappelée de Suez au moment où parvient en Europe la nouvelle qu'une escadre américaine, sous les ordres du commodore Watson, a reçu l'ordre de se diriger vers l'Espagne.

beaucoup souffert, étaient au moment de se replier vers leur point de débarquement pour se mettre à l'abri des canons de leur flotte.

La destruction de la flotte espagnole eut pour conséquence immédiate de leur éviter cette reculade, et la chute de Santiago en est certainement plus rapprochée.

Enfin, comme enseignement général à dégager de tous ces événements, c'est qu'il faut s'assurer dès le début la supériorité des moyens d'action et au point de vue tactique la supériorité du feu, on a chance ainsi de neutraliser celui de l'ennemi. Pour cela être animé d'un esprit d'offensive énergique et ne jamais se laisser acculer à une défensive inerte. Posséder un matériel permettant d'arriver à ce résultat; mais nous devons remarquer que le matériel seul ne suffit pas et qu'il vaut mieux avoir l'esprit d'offensive avec un matériel de qualité inférieure que d'avoir un excellent matériel et ne s'en servir que dans une défensive passive, c'est-à-dire sans savoir en tirer les avantages qu'il peut assurer à celui qui attaque et qui manœuvre.

À la date du 3 juillet, l'Espagne a perdu :

> 3 croiseurs de 7,000 tonneaux.
> 1 croiseur de 8,850 tonneaux.
> 3 croiseurs de 3,500 tonneaux.
> 4 croiseurs de 1150 tonneaux.
> 3 croiseurs de 580 tonneaux.
> 2 destroyers de 420 tonneaux.
> 4 canonnières.
> 1 transport.
> 4 transatlantiques armés.
> 8 vapeurs de commerce.
> 8 goélettes.

Soit environ une valeur de plus de cent millions de pesetas.

Au 14 juillet, la nouvelle de la reddition de Santiago est arrivée en Europe. C'était le 14 à 3 heures du soir que la convention devait être appliquée, mais il faut croire que des difficultés sont survenues, puisque le lendemain on annonçait que le général Moral voulait en référer au maréchal Blanco à La Havane et au gouvernement à Madrid.

Ce n'est que le 17 que l'accord définitif est conclu. La garnison est prisonnière de guerre, elle rend les armes et munitions en bon état; elle sera rapatriée en Espagne par les soins des États-Unis.

La capitulation s'applique à toute la province de Santiago, sauf un corps de 10,000 hommes campé à Holguin sous les ordres du général Luecques.

Mais elle comprend des troupes au nombre de 12,000 hommes contre lesquelles il n'a pas été tiré un coup de fusil, en plus de celles qui sont à Santiago. En tout 24,000 hommes et le matériel et les territoires afférents.

Les Américains vont avoir à rendre effective cette capitulation, en allant planter leur drapeau dans toutes les villes et les postes occupés par les troupes espagnoles que touche la signature du général Moral.

Qui sait si cela se fera sans difficultés et sans coups de canon?

Depuis que ces lignes ont été écrites, le rapport de la commission américaine sur l'examen des épaves du combat de Santiago-de-Cuba a paru et a donné lieu à de nombreux commentaires. On s'est étonné du petit nombre d'impacts relevés sur les bateaux, tandis que le chiffre des obus envoyés est, dit-on, de 6,000. Cela ferait du 3 p. 100, et naturellement on en conclut à la maladresse des pointeurs américains, au gaspillage des munitions et à l'inutilité des canons de gros calibre.

Évidemment 3 p. 100 comme tir de paix, ce serait faible, mais comme tir de guerre et dans les conditions précitées, c'est-à-dire sur des buts mouvants, ce n'est déjà pas si mauvais, car c'est le pourcentage habituel à peu de chose près.

Quant au « gaspillage » des munitions, il ne nous semble pas extraordinaire. Nous ajouterons que nous regrettons pour les Espagnols qu'ils ne se soient pas livrés à un pareil « gaspillage »; peut-être auraient-ils, avec plus d'impacts, obtenu de meilleurs résultats. Il suffit bien souvent d'un obus bien placé pour annihiler une unité de combat ou détruire un canon.

L'enseignement à retirer de la comparaison de ces chiffres est qu'il faut envoyer 6,000 obus de divers calibres pour obtenir

180 ou 200 torchés utiles et qu'il suffit de ce nombre d'impacts pour détruire une flotte d'une dizaine de bateaux. Cela donne environ 34 coups pour un touché, tandis qu'il faut 1200 à 1500 coups de fusil pour tuer un homme, ce qui n'empêche pas que, en certains cas, plusieurs hommes pourront être tués par une même balle. Voilà ce que nos marins feront bien de retenir. Maintenant, s'ils sont meilleurs pointeurs que les Américains, tant mieux ; le résultat sera plus rapidement obtenu et à moins de frais.

Quant à l'inutilité des canons de gros calibre, elle serait démontrée par ce fait que 8 canons de 35 cent. ont pris part au combat sans toucher une seule fois, que 6 canons de 30 cent. n'ont obtenu que 2 impacts, que 18 canons de 20 cent. n'ont obtenu que 12 impacts, 7 canons de 15 cent., 3, tandis que 42 canons de 6 livres ont obtenu 77 impacts.

De ces chiffres ainsi présentés, il ressort au moins que le canon de 20 cent. a mieux travaillé que le canon de 6 livres. Mais pour pouvoir apprécier le rendement par calibre, il faudrait connaître exactement le nombre d'obus envoyés par chacun d'eux. On nous dit bien le nombre d'impacts par calibre, mais pas le nombre de coups envoyés, il est donc impossible de dire que tel calibre est préférable à tel autre. Il faudrait, d'ailleurs, connaître deux éléments indispensables : 1º le nombre d'obus de chaque calibre envoyés ; 2º la destruction produite par chacun d'eux derrière l'impact.

Si le 35 cent. n'a tiré que 8 coups (1 coup par pièce sans rien toucher), cela ne veut pas dire que ce canon est sans efficacité. Cela veut dire qu'il a été mal pointé, et très probablement qu'il y a quelque chose à corriger dans son système de pointage ; de même si les 30 cent. ont tiré 1 coup par pièce le nombre de 2 impacts (2 sur 6) ne serait pas si mauvais, et il est hors de doute que l'éclatement dans une batterie d'un obus de cette capacité fera des destructions plus décisives que celui de l'obus de 6 livres.

Grouper des quantités d'obus de faible calibre au même endroit est théoriquement un moyen d'y jeter à la longue un même poids de métal et de poudre, mais c'est peut-être aussi un moyen d'une pratique difficile dans une certaine mesure et pour beaucoup de causes.

Il manque donc, nous le répétons, des éléments indispensables de comparaison pour apprécier la valeur du tir, par calibre. D'autre part, s'il suffit d'un obus de gros calibre pour couler un cuirassé, bien que cet obus, tous frais payés au reçu du coup, puisse coûter 5,000 francs, n'y aura-t-il pas avantage à l'envoyer contre ledit cuirassé du coût de 20 ou 30 millions ?

En résumé, nous pensons toujours que le gros calibre est l'indispensable condition de la supériorité navale. Que l'on devra par des moyens appropriés en obtenir le rapide chargement et pointage, mais qu'auprès de lui, comme ses alliés naturels, il lui faut le secours d'une quantité de canons de calibres plus faibles à tir extra-rapide, pour dans l'intervalle des gros coups cribler de rafales incessantes les ponts, les hunes, les obstacles et surfaces quelconques du bateau ennemi. Les deux armements se complètent : l'un rend la position intenable, le service des pièces de l'adversaire impossible, désorganise les abris de moindre épaisseur, met le feu à tout ce qui peut brûler, démolit les pièces et les communications électriques ou hydrauliques tant soit peu exposées, mais ne peut atteindre la flottabilité garantie par les cloisons étanches derrière les fortes cuirasses. Il y a là un réduit impénétrable pour lui, où la résistance subsiste et se maintiendra indéfiniment, si le gros calibre n'intervient à propos ; c'est à lui de percer ce réduit, de vaincre cette résistance, et, d'un coup bien envoyé, il peut et doit y parvenir.

Reste à dire quelques mots d'une question qui semble surnager avec persistance malgré toutes les démonstrations, et renaître chaque fois qu'il s'agit du fusil de petit calibre. Nous voulons parler de l'innocuité attribuée à ces armes nouvelles.

La légende est si bien établie que, depuis le Chitral en passant par l'Abyssinie, où les Italiens n'avaient d'ailleurs pas de fusils de 6mm,5, jusqu'à Santiago, on parle de cette innocuité relative comme d'une chose acquise, une sorte d'axiome sur lequel il n'y a pas à revenir.

C'est le fusil qui ne tue pas, il perce les os sans les briser, tandis que nous avons vu que la pulvérisation de l'os était la règle ; passe un séton inoffensif, tandis que nous avons constaté les trajets remplis d'un magma dans lequel il n'est plus possible de distinguer chairs, artères, veines ou muscles [1].

Nous avons lu dans tous les journaux qu'à la suite des combats des 1er et 2 juillet, le ministre de la guerre à Washington *avait été frappé du petit nombre des tués*, par rapport aux blessés, et demandait une explication; celle-ci ne s'est pas fait attendre : « Le fusil de petit calibre *ne faisant* que des blessures peu graves, trouant les os sans les briser, il n'était pas étonnant que le chiffre des tués par rapport aux blessés fût plus faible que d'habitude ».

Est-ce que vraiment cette réponse procède d'un examen attentif des sujets atteints par la balle de 7mm, ou bien ne serait-ce pas la théorie toute faite de l'innocuité qui est renvoyée par le phénomène d'autosuggestion, si fréquent quand il s'agit d'expliquer un fait qui semble déjà expliqué, de sorte que ce qui est à prouver sert de base pour faire la preuve ou tirer des conséquences ?

On sait, en effet, que les Espagnols sont armés d'un fusil de 7mm et les Américains d'un fusil de 6mm,5 pour les troupes de terre et de 6mm pour la marine. Ces armes lancent respectivement des projectiles : fusil de 7mm, 11 grammes; fusil de 6mm,5, 10 gr. 40; fusil de 6mm, 9 gr. 2, avec des vitesses de 700, 720 et 730 mètres.

Nous ne discuterons pas ici leurs conditions balistiques, nous ne parlerons que des résultats obtenus dans les combats du 1er et du 2 juillet 1898.

Les renseignements assez diffus, comme on a pu le voir en lisant les journaux qui en ont parlé, mais desquels on peut conclure à une moyenne, surtout si l'on se reporte comme terme de comparaison à d'autres batailles et aux résultats qui y ont été constatés, permettent cependant d'obtenir des données non sans valeur.

En tout cas, tels qu'ils sont, ils ne légitiment en aucune façon ce qui a été dit.

D'abord il serait intéressant de savoir de façon précisé :

---

[1] Voir : *Les Armes de petit calibre et leur Puissance meurtrière*, par le commandant D. (*Journal des Sciences militaires*, Juillet 1898).

1° Si toutes les troupes espagnoles engagées dans ce combat étaient bien armées du fusil de 7^{mm} ;

2° Si les Américains avaient tous le fusil de 6^{mm},5 ;

3° A quelle distance moyenne les feux ont été exécutés ;

4° Ceux qui ont produit le meilleur rendement ;

5° Connaître les pertes éprouvées par les Espagnols (leurs tués).

Il est en effet à remarquer que les correspondances n'ont donné que les pertes des Américains, celles produites par le fusil de 7^{mm}.

Et puis, il ne serait pas aussi sans utilité de savoir si tous les blessés étaient hors de combat. Pouvaient-ils, oui ou non, après avoir reçu une ou plusieurs balles, continuer à marcher, à combattre ? C'est vraiment ce qu'il importe de savoir, car, enfin, on ne veut la mort de personne, pas même de l'ennemi : le but à atteindre est de le mettre hors de combat, de rompre son élan ; si après la bataille on ne relève que des blessés, eh ! mon Dieu ! l'humanité n'aurait qu'à s'en féliciter, les discussions entre les peuples prendraient un caractère moins terrible... Qui s'en plaindrait ?...

Hélas ! nous craignons bien qu'il n'en soit pas ainsi. D'abord, nous rappellerons qu'au moment des premiers engagements à Caimanara, des correspondances signalèrent que les cadavres de soldats américains et des blessés même avaient été mutilés de façon atroce par les Espagnols, ou par les indigènes alliés des Espagnols. Vérification faite, il fallut reconnaître que ces prétendues mutilations étaient le produit du passage de la balle du fusil espagnol.

Il nous semble difficile de concilier la théorie de l'innocuité avec l'existence de ces mutilations. Ensuite et surtout, il conviendrait de connaître de façon précise l'effectif réellement engagé, le chiffre des tués et celui des blessés.

Avec ces données, on peut établir un calcul. Nous nous contenterons de chiffres que tout le monde a pu lire en même temps que la demande d'explication de Washington, ce sont les suivants : 2,000 tués, sans indication du chiffre des blessés ; 230 tués et 1200 blessés, puis 300 tués et 1200 blessés ; 1800 à 2,000 blessés pour 400 tués.

Le premier chiffre, 2,000 tués, est évidemment exagéré ; s'il était vrai, le gouvernement de Washington aurait dû s'affliger d'un pareil massacre au lieu de s'étonner du peu de soldats tués. Cela supposerait environ 10,000 à 15,000 hommes hors de combat, le prix d'une grande bataille comme Saint-Privat, Sedan ou Rezonville, et l'effectif total du corps expéditionnaire y eût passé, tandis qu'en réalité il n'a pas été engagé en entier.

Ou bien alors ce serait que la balle de petit calibre est bien plus meurtrière qu'on ne le dit, car sur 10,000 hommes engagés, il est bien rare que 2,000 restent tués, tandis qu'il n'est pas impossible qu'ils soient mis hors de combat, quoique la proportion soit plutôt à peine le dixième.

A Wissembourg, nous avons eu à peu près 8,000 hommes engagés, et le nombre des hors de combat a été de 1600, ce qui est le cinquième.

A Frœschwiller, les Allemands étaient 130,000 ; ils ont eu 9,260 hommes hors de combat, ce qui est le quatorzième.

Dans cette même bataille, ils ont eu 1589 tués et 7,680 blessés, ce qui établit que le nombre des tués est à peu près le cinquième du total des blessés.

A Rezonville, qui passe pour une des batailles les plus meurtrières du siècle, les Français eurent 1220 tués et 9,523 blessés, ce qui donne 7.8 comme proportion des tués aux blessés.

Mais ce sont là des grandes batailles.

Voyons des combats se rapprochant plus des conditions de l'affaire de Santiago.

A Noisseville, il y a 285 tués et 2,391 blessés du côté français, c'est-à-dire 7.8.

A Buzenval, les Français avaient 652 tués et 3,229 blessés, ce qui revient à moins du cinquième ; les Allemands, qui combattaient très abrités, n'ont eu que 162 tués et 408 blessés. On remarquera combien la mortalité a été plus grande chez eux, plus du tiers. C'est évidemment beaucoup, mais cela tient à ce que, très abrités derrière des murs qui n'étaient attaqués que par de la fusillade, ils recevaient moins de balles, mais que presque toutes celles qu'ils recevaient les touchaient à la tête.

Or, on nous accordera que, de gros ou de petit calibre, un balle qui passe dans la cervelle doit produire un certain effet.

En résumé, nous avons examiné, au point de vue qui n occupe, douze batailles ou combats de la campagne 1870-48 de Spickeren à Buzenval, et nous avons constaté deux choses : d'abord, que le chiffre des hommes hors de combat est ordinairement de moins d'un dixième de l'effectif réellement engagé ; ensuite, que le chiffre des tués est en général d'environ un cinquième à un huitième du nombre des blessés. La moyenne de la campagne, pour au moins les résultats qu'il nous a été possible de relever, ressort à 6.5.

Chez les Allemands, la moyenne des tués paraîtrait plus forte que chez les Français, mais nous opinons à croire que les renseignements dont on peut disposer sont moins exacts, parce qu'il a pu paraître à l'état-major de Berlin peut-être inutile d'accuser nombre de blessures qui augmentent sensiblement les hors de combat et, par suite, le chiffre des pertes subies. Il n'en est pas moins vrai que ces hommes ont été touchés et mis hors de combat.

Évidemment encore, dans ces chiffres sont compris ceux qui se rapportent à l'artillerie et à l'arme blanche. Mais comme on tombe alors dans des approximations difficiles à tirer au clair !

Il faudrait aussi distinguer très nettement les différentes phases du combat pour d'abord déterminer l'efficacité du feu, suivant que les troupes adverses sont couvertes ou s'offrent sans abri aux coups de l'ennemi ; puis, ensuite, compter les tués et les blessés.

Et les disparus ? Combien de blessés ? Combien de tués ? Combien d'indemnes ?

Telle circonstance peut faire qu'avec un même fusil presque toutes les blessures soient mortelles, tandis que, dans d'autres occasions, c'est le contraire qui aura lieu, sans que cela tienne le moins du monde à la valeur intrinsèque de l'arme.

La direction du feu, l'abri, les pentes, l'état de l'atmosphère sont autant de causes qui peuvent produire ces résultats qui, au premier abord, semblent incohérents.

C'est pourquoi nous avons dit et nous répétons que le champ de bataille, tout en étant le but final, est le lieu le moins désigné pour essayer une arme et asseoir un jugement sur son compte.

Malgré cela, nous croyons que le cabinet de Washington aurait tort de s'étonner de n'avoir point assez de tués... ou de s'en féliciter de n'en avoir pas davantage.

i l'on admet les chiffres de 230 tués pour 1200 blessés, nous ons que le rapport est de 5.50 ; avec les seconds, 300 tués, ce rapport arrive à 4 ; avec les troisièmes, 400 tués, 1800 à 2,000 blessés, nous revenons à 4.9 et 4.6.

Il semble donc que le résultat de la bataille de Santiago est comparable à ceux des batailles de 1870 et, en particulier, à la moyenne générale, qui est de 5.3.

Il y a des statistiques qui concluent au dixième, non seulement pour la proportion à établir entre l'effectif engagé et les hors combat, mais entre les blessés et les tués.

Dans ce cas, nous voyons que l'action meurtrière du fusil de petit calibre serait bien supérieure non seulement à celle généralement admise, mais à celle des calibres plus forts.

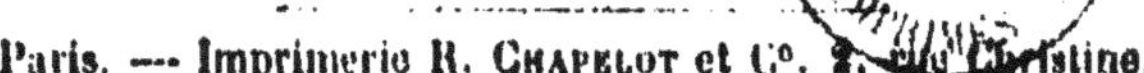

Paris. — Imprimerie R. Chapelot et Cⁱᵉ, 2, rue Christine.

LIBRAIRIE MILITAIRE R. CHAPELOT & Cie

Rue et Passage Dauphine, 30, Paris.

PETITES
OPÉRATIONS DE LA GUERRE

D'APRÈS

L'EXPÉRIENCE DES CAMPAGNES D'UN SIÈCLE

Par Ch. BRIDE

CAPITAINE BREVETÉ D'ÉTAT-MAJOR

(Réserve)

AVEC 24 CROQUIS

Paris. 1899, 1 vol. in-8 . . . . 6 fr.

Pour paraître prochainement

LA

GUERRE HISPANO-AMÉRICAINE

DE 1898

Par le Capitaine BRIDE

1 volume in-8° avec de nombreux croquis

Paris. Imprimerie R. Chapelot et C°, 2, rue Christine.

Contraste insuffisant

NF Z 43-120-14

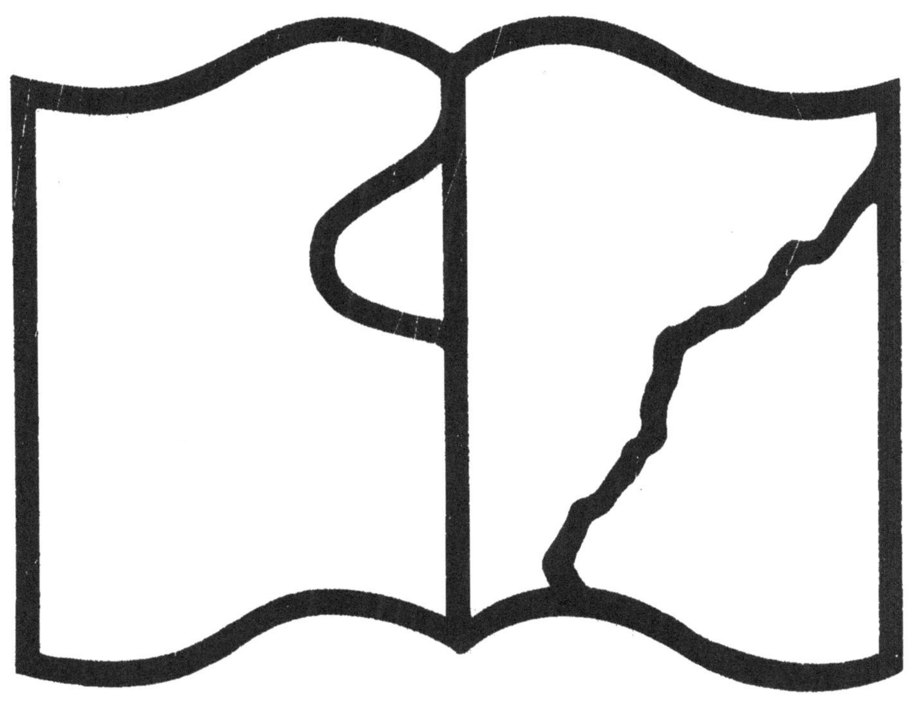

Texte détérioré — reliure défectueuse

NF Z 43-120-11